Interdisziplinäres Seminar

Angewandte Krisen- und Katastrophenforschung III

im Masterstudiengang

Prozeß- und Anlagensicherheit, Notfall- und Krisenmangement

der Montanuniversität Leoben

Seminararbeit

Krisenmanagement bei kriegerischen Auseinandersetzungen am Beispiel der Bevölkerung

B. Sc. Benedikt Hanslbauer

Dipl. Ing. (FH) Grigori Zocher

In der folgenden Arbeit wird aus Gründen der besseren Lesbarkeit bei Personenbezeichnungen und personenbezogenen Hauptwörtern ausschließlich die männliche Form verwendet. Entsprechende Begriffe gelten im Sinne der Gleichbehandlung grundsätzlich für alle Geschlechter. Die verkürzte Sprachform hat nur redaktionelle Gründe und beinhaltet keine Wertung.

Dresden, den 21. Juni 2022

Inhaltsverzeichnis

Abkürzungsverzeichnis

AMG	Arzneimittelgesetz
ApBetrO	Apothekenbetriebsordnung
BBK	Bundesamt für Bevölkerungsschutz und Katastrophenhilfe
BfArM	Bundesamt für Arzneimittel und Medizinprodukte
BIP	Bruttoinlandsprodukt
EnSiG	Energiesicherungsgesetz
ESVG	Ernährungssicherstellungs- und -vorsorgegesetz
Ifo	Information und Forschung
KRITIS	Kritische Infrastruktur
NEA	Notstromersatzanlage
NOAH	Nachsorge, Opfer- und Angehörigenhilfe des Bundes
Sächs BRKG	Sächsisches Gesetz über Brandschutz, Rettungsdienst und Katastrophenschutz
TrinkwV	Trinkwasserverordnung
VSVgV	Vergabeverordnung Verteidigung und Sicherheit
WasSiG	Wassersicherstellungsgesetz
WiSiG	Wirtschaftssicherungsgesetz
WiSiV	Wirtschaftssicherstellungsverordnung

| ZIA | Zentraler Immobilien Ausschuss e.V. |
| ZSKG | Zivilschutz- und Katastrophenhilfegesetz |

Abbildungsverzeichnis

Zusammenfassung / Abstract

Das Krisenmanagement soll die Bevölkerung in Deutschland schützen und vorbereitend und abwehrend die wirtschaftliche und politische Stabilität im Land sichern. Nach dem Ende des Kalten Krieges Anfang der neunziger Jahre, wurde ein Großteil des Zivilschutzes, insbesondere auch Maßnahmenkataloge, als obsolet betrachtet und außer Kraft gesetzt. Durch Naturkatastrophen setzte sich der Blickwinkel des Krisenmanagements auf die Bewältigung natürlicher Krisen, nahm aber in den letzten Jahren auch die Thematik „Blackout" in den Fokus. Mit der Coronapandemie wurde zum ersten Mal ersichtlich, wie verletzlich die globale Wirtschaft und die internationalen Produktionswege sind und wie sich derartige, äußere Einflüsse auf die Bevölkerung und die Wirtschaftsleistungen der Nationen auswirken können. Von der Ukrainekrise und den damit einhergehenden wirtschaftlichen und zivilisatorischen Einschränkungen wurde Deutschland überrascht und die Minimierung des Zivilschutzes in den letzten 30 Jahren zeigt sich bereits jetzt in den Auswirkungen auf die gefühlte und die tatsächliche Sicherheit der Bevölkerung. In der Realität erleben wir alle, wie externe, kriegerische Auseinandersetzungen unser Leben bestimmen. Dabei wirken viele Faktoren auf die Bevölkerung ein, welche im vorhandenen und zukünftigen Krisenmanagement analysiert und betrachtet werden müssen. Vorhandene Maßnahmen müssen auf Funktionalität geprüft und ggf. angepasst und erweitert werden.

Crisis management is intended to protect the population in Germany and to secure economic and political stability in the country in a preparatory and defensive manner. After the end of the Cold War at the beginning of the 1990s, a large part of the civil protection system, especially the catalogue of measures, was considered obsolete and was put out of action. Due to natural disasters, the focus of crisis management shifted to the management of natural crises, but in recent years it has also focused on the issue of "blackouts". With the corona pandemic, it became apparent for the first time how vulnerable the global economy and international production channels are and how such external influences can affect the population and the economic performance of nations. Germany was caught by surprise by the Ukraine crisis and the accompanying economic and civilisational restrictions, and the minimisation of civil protection over the last 30 years is already showing in the effects on the perceived and actual safety of the population. In reality, we all experience how external, warlike conflicts determine our lives. Many factors affect the population, which must be analysed and considered in existing and future crisis management. Existing measures must be tested for functionality and, if necessary, adapted and expanded.

Einleitung

Am 24. Februar 2022 überschritten militärische Einheiten der Russischen Föderation unter Einsatz von Luftstreitkräften die Staatsgrenze zur Ukraine. Damit begann innerhalb Europas ein militärischer Konflikt, welcher eine Zeitwende und ein mediales, wie auch politisches Wachrütteln in den unterschiedlichsten Bereichen bewirkte (Bundesamt für Bevölkerungsschutz, 2022). Das Umdenken resultiert insbesondere durch die weitreichenden Auswirkungen dieses Konfliktes. Als Folge des Konfliktes sind steigende Energie- und Rohstoffpreise in Europa, Engpässe sämtlicher Produkte durch globale Lieferkettenprobleme (Sauer & Wohlrabe, 2022) und vielfältige Auswirkungen auf sicherheitspolitische Institutionen innerhalb der Länder (Bilban, et al., 2022) zu verzeichnen, um nur einige Beispiele zu benennen.

Neben den wirtschaftlichen Folgen zeigen sich verstärkt auch Schwachstellen und Missstände im Bereich des Bevölkerungsschutzes. Wurden in Folge der Friedensdividende in den 90er Jahren des 20. Jahrhunderts, nach dem Ende des kalten Krieges, Schutzräume aufgegeben sowie das öffentliche Schutzbaukonzept nicht mehr fortgeführt, so beginnt nach den aktuellen Ereignissen ein Umdenken. Die Bundesrepublik Deutschland setzt bis auf weiteres die Rückabwicklung weiterer

Schutzräume aus und überprüft das bisherige Konzept auf Aktualität (Bundesamt für Bevölkerungsschutz, 2022). Dafür werden Forderungen gestellt, dass für den Bereich „Zivil- und Katastrophenschutz" ein zusätzlicher Etat vom Bundeshaushalt bereitgestellt wird, um in Zukunft der Bevölkerung einen ausreichenden Schutz gewährleisten zu können (Neuerer, 2022).

Um ein zielgerichtetes Schutzkonzept und ein strategisches Risikomanagement für die Zukunft entwickeln zu können, stellt sich die Frage, in welchen Bereichen die Bevölkerung konkret von kriegerischen Auseinandersetzungen betroffen ist. Je nach betroffenen Bereichen muss anschließend geklärt werden, inwiefern ein Krisenmanagement vorhanden ist. Nach der Analyse kann gezeigt werden, in welchen Bereichen eine Verbesserung des Krisenmanagements angestrebt werden muss bzw. generell ein Krisenmanagement umgesetzt werden muss, um eine vollumfängliche Schutz der Bevölkerung sicherzustellen.

Arbeitseingrenzung

In dieser Arbeit gehen die Autoren auf die Auswirkungen von kriegerischen Auseinandersetzungen auf die Bevölkerung ein. Die Auswirkungen sind dabei sehr vielfältig und weitreichend. Um den Umfangsbeschränkungen einer Semesterarbeit gerecht zu werden, erfolgen die Betrachtungen lediglich aus wirtschaftlicher und soziologischer Sicht, wobei die vorliegende Arbeit die Probleme nur skizzieren kann. Eine tiefgründige wissenschaftliche Analyse der Auswirkungen auf die unterschiedlichen Steakholder würde den Umfang einer Semesterarbeit sprengen. Dementsprechend erfolgen auch die Ausarbeitungen von Möglichkeiten im Krisenmanagement in diesem, eingeschränkten Rahmen und stellen nur Auszüge der erforderlichen Maßnahmen dar. Weiterhin wird in dieser Arbeit der Verteidigungsfall nach Artikel 115 des Grundgesetzes nicht betrachtet, da dessen Auswirkungen eine gesonderte Analyse erfordern würde.

Das Krisenmanagement

Krisenmanagement und Katastrophenmanagement werden häufig synonym verwendet. Jedoch gibt es in Deutschland dazu rechtliche Einschränkungen. Der Begriff Katastrophe ist in den jeweiligen Landeskatastrophengesetzen klar definiert und muss von einer

Katastrophenschutzbehörde ausgerufen werden. Auf die Definition einer Katastrophe soll hier jedoch nicht näher eingegangen und auf die entsprechende Literatur verwiesen werden (z.B. SächsBRKG). Eine Krise, dabei handelt es sich um ein Abweichen vom Normalzustand, wo bereits Handlungsbedarf besteht (Schäden können bereits eingetreten sein), jedoch der Ausgang offen ist, kann bereits unterhalb der Katastrophenschwelle auftreten sich aber auch innerhalb eines Katastrophenszenarios entwickeln. Es kann sowohl der Normalzustand oder die Katastrophe eintreten. In letzterem Fall wären die Katastrophe und die Krise kausal miteinander verbunden. § 4 Abs. 1 VSVgV definiert den Begriff Krise als jede Situation in einem EU-Mitgliedstaat oder einem Drittland, in der ein Schadensereignis eingetreten ist, das deutlich über die Ausmaße von Schadensereignissen des täglichen Lebens hinausgeht und dabei Leben und Gesundheit zahlreicher Menschen erheblich gefährdet oder einschränkt, eine erhebliche Auswirkung auf Sachwerte hat oder lebensnotwendige Versorgungsmaßnahmen für die Bevölkerung erforderlich macht. Eine Krise liegt demnach auch vor, wenn konkrete Umstände dafür vorhanden sind, dass ein solches Schadensereignis unmittelbar bevorsteht. Bewaffnete Konflikte und Kriege sind Krisen im Sinne dieser Verordnung. Dabei weisen Krisensituationen meist Merkmale wie Dringlichkeit (Zeitdruck), Überraschtheit, Ungewissheit und Diskontinuität auf. (Zollonds, et al., 2016) Unter diesen genannten Merkmalen befasst sich das Krisenmanagement mit der

Schaffung von konzeptionellen, organisatorischen und verfahrensmäßigen Voraussetzungen, um die außergewöhnliche Situation schnellstmöglich wieder in den Normalzustand zu bringen und die negativen Konsequenzen so gering wie möglich zu halten. Das Krisenmanagement beinhaltet dabei Maßnahmen zur Vorbereitung auf sowie zur Bewältigung, zur Vermeidung weiterer Eskalation und zur Nachbereitung von Krisen. (BBK, 2022)

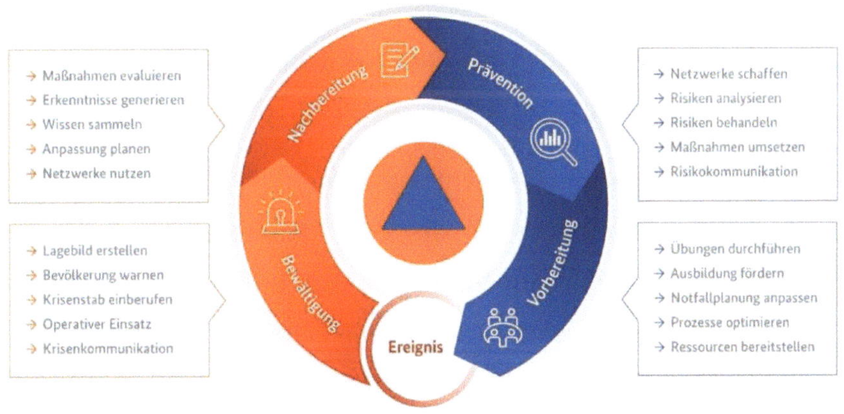

Abbildung 1 Zyklus des Krisenmanagements   Quelle: BBK

Das Krisenmanagement selber beinhaltet im Abschnitt der Prävention eine Risikoanalyse mit einer entsprechenden Gefährdungsanalyse. Im Bereich von kriegerischen Auseinandersetzungen und bei Einbezug der betroffenen Steakholder, sowie der Einbindung von wissenschaftlicher, ökonomischer, sozialer und kultureller Aspekte in den Gesamtprozess der Risikobehandlung, mit dem Ziel eines effektiven und sozial verträglichen Umgangs mit Risiken unter Einbezug rationaler, fairer und transparenter Bewertung von Risiken, ist die Betrachtungsweise unter dem Gesichtspunkt des Risk Governance vorzuziehen. Die „Stoßrichtung" des Risk Governance ist dabei die Erhaltung bzw. Erhöhung risikobezogener Resilienz. Das heißt, Stärkung von Eigenschaften, welche die grundlegenden Strukturen, Funktionen und Leistungen von Gesellschaften, Unternehmen oder Ökosystemen bei größeren und unerwarteten Störungen erhalten bzw. deren Anpassungsfähigkeit sicherstellen. (Hartung, 2022)

Grundlage aller Betrachtungsweisen und Ausgangspunkt für mögliche Maßnahmen ist eine Risikocharakterisierung bzw. Risikoanalyse mit mindestens der Sortierung der Risiken nach deren Eintrittswahrscheinlichkeit und den möglichen Folgen (Scoring-Modelle, Ampel-Modelle).

Um in diese Ausarbeitungen die Gefährdungen zu beurteilen, muss erst eine Betrachtung der jeweiligen Einflüsse vorgenommen werden. Ohne das hier eine Definitione eines Krieges vorgenommen wird, versteht sich von selbst, dass kriegerische Auseinandersetzungen mit Waffengewalt durchgeführt werden. Dabei ist es in dieser Betrachtung irrelevant, welche Parteien in den Konflikt involviert sind. Relevant sind allein die Auswirkungen auf den betroffenen Staat, dessen Bevölkerung und auf externe Beteiligte. Diese externe

Beteiligung kann entweder durch direkte oder indirekte Beteiligung sowie durch Beeinträchtigungen von Versorgungs-, Produktions- und Handelsketten erfolgen. Als direkte Beteiligung können dabei Waffenlieferungen, waffentechnische Ausbildung von beteiligten Parteien, Sanktionen etc. genannt werden. Weiterhin gilt unumstritten, dass das Gebiet der kriegerischen Auseinandersetzung sowie dessen Zivilbevölkerung und Infrastruktur massiv unter den kriegerischen Handlungen leidet.

Gefährdungsanalyse von Wirkbereichen und Wirkmechanismen

Auf diese Arbeit bezogen erfolgt daher die Analyse dahingehend, dass als ein möglicher Wirkmechanismus eine externe kriegerische Auseinandersetzung in einem Drittstaat betrachtet wird, ohne dass die Bundesrepublik dabei direkt oder indirekt eine beteiligte bzw. unterstützende Partei darstellt. Die Bundesrepublik nimmt dabei den Status eines neutralen Staates ein. Als zweiter möglicher Wirkmechanismus wird ebenfalls eine kriegerische Auseinandersetzung in einem Drittstaat betrachtet, bei dem die Bundesrepublik direkt (Konfliktpartei) oder indirekt (nicht-kriegsführend) in den Konflikt involviert ist. Die Gründe des Involvierens können dabei von Bündnisverpflichtung über bilaterale Beziehungen bis hin zur politischen und/oder humanitären

Einstellung gehen. Dabei wirken die Faktoren mit unterschiedlichen Ergebnissen auf die Bundesrepublik ein, welche auch im späteren Verlauf noch erörtert werden. Die Bereiche der jeweiligen Auswirkungen - im folgenden Wirkbereiche genannt - finden sich in der kritischen Infrastruktur, der Wirtschaft, der Bevölkerung und der Umwelt wieder, wobei alle diese Wirkbereiche miteinander agieren und sich gegenseitig beeinflussen.

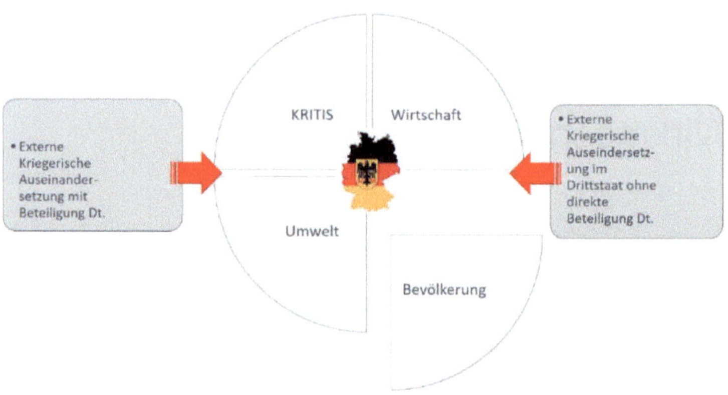

Abbildung 2 Wirkmechanismen und Wirkbereiche

Ein wesentlicher Wirkbereich ist dabei der Einfluss auf die Bevölkerung. Das Zusammenwirken aller oben benannten Einflussfaktoren kann im Resultat dazu führen, dass die Bevölkerung entsprechenden Druck auf die politisch Regierenden ausübt und Deutschland vom Wirkmechanismus eines Unbeteiligten in den Wirkmechanismus eines direkte Beteiligten wechselt. Die sich daraus ergebenden Konsequenzen und Auswirkungen können zur einer erheblichen Situationsverschlechterung für alle Wirtschafts- und Lebensbereiche führen.

Externe Kriegerische Auseinandersetzungen in einem Drittstaat ohne Beteiligung Deutschlands als Risiko

Die deutsche Wirtschaft ist in hohem Maße exportorientiert und damit auch exportabhängig. Annähernd jeder vierte Arbeitsplatz hängt vom Export ab. Gleichzeitig ist Deutschland als rohstoffarmes Land ebenso auf Importe angewiesen, dies betrifft insbesondere den Energiebereich. In jüngster Zeit hat der weltweite Außenhandel im Zuge der Globalisierungsprozesse ein- und ausfuhrseitig deutlich zugenommen. Die Globalisierung hat nicht nur zu einer starken Expansion des internationalen Handels, sondern auch zu einer Internationalisierung der Produktionsprozesse geführt. Globale Wertschöpfungsketten spielen bei der Herstellung komplexer technischer Produkte eine immer größere Rolle und haben einen starken Anstieg des Außenhandels auf allen Produktionsstufen zur Folge. (Statistisches Bundesamt, 2022) Diese internationalen Produktionsprozesse und –ketten, in Verbindung mit dem Gesamtaußenhandel, sind für den Wohlstand in Deutschland sehr viel wichtiger als in den anderen G7-Staaten. Mehr als zwölf Millionen Arbeitsplätze und damit rund 28 Prozent der Beschäftigung hierzulande hängen direkt oder indirekt vom Export ab (Felbermayr, 2021). Das hat zur Folge, dass bereits geringe Störungen in den Produktionsketten oder im Außenhandel direkte Auswirkungen auf die heimische Wirtschaft haben. Die wirtschaftlichen Folgen können beispielhaft, wenn auch durch eine andere Ursache, an der Coronapandemie betrachtet werden. So sank die wirtschaftliche Leistung im Bereich des BIP im Jahr 2020 um 4,9 % im Gegensatz zu 2019. Der Luftverkehr brach 2020 um ca. 75% gegenüber dem Vorjahr ein (Bundesamt für Statistik, 2021). Außerdem ist im ressourcenarmen Deutschland der verlässliche und preisgünstige Zugang zu Importen für die Wettbewerbsfähigkeit der Wirtschaft wichtiger als in nicht so stark produzierenden und wertschöpfenden Ländern. Die Produktionsketten können dabei bereits im Herstellungsprozess, wie auch im Transport behindert werden. Transportwege müssen umgeleitet und verlängert werden, Güterknotenpunkte (z.B. Flughäfen oder Tiefseehäfen) fallen weg und Lufträume und Versorgungsrouten werden gesperrt oder sind nicht mehr benutzbar. Die Auswirkungen schlagen sich dabei direkt auf die Wirtschaftsleistung der Länder und folglich auch auf die Versorgungssituation der Bevölkerung nieder. Sind die Lieferketten im Bereich der Düngemittelherstellung oder Landwirtschaft betroffen, können die Preise für Lebensmittel auch in Deutschland steigen, wie es derzeit durch den Ukrainekonflikt mit Preissteigerungen mit über 50% zu verzeichnen ist (Statistisches Bundesamt, 2022). Auch können durch diese Beschränkungen benötigte Zulieferteile oder Ersatzteile für Industrie und Verbraucher nur verzögert oder gar nicht geliefert werden. Die Versorgungssituation mit Baustoffen, wie zum Beispiel Holz, können ebenfalls durch kriegerische Einschränkungen eingeschränkt sein und zu Preissteigerungen beim Verbraucher führen, so, dass in Summe beim Wirkbereich „Wirtschaft" die Punkte Preissteigerung, Lieferverzögerungen und Wirtschaftsstörungen bis hin zum faktischen Erliegen ganzer Wirtschaftszweige zu verzeichnen sind.

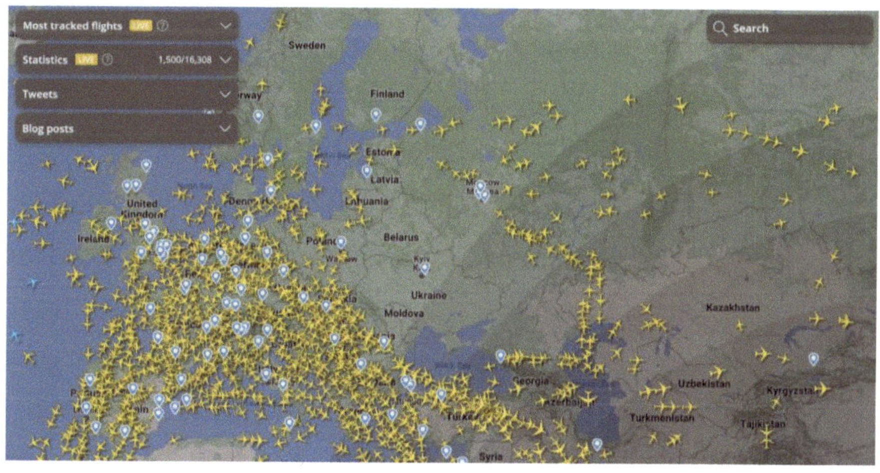

Abbildung 3 Beeinflussung von Transportwegen auf Grund kriegerischer Konflikte - als Beispiel hier die Flugfreie Zone über der Ukraine und Schwarzem Meer   Quelle: Flightradar24

Ebenfalls betroffen kann der Wirkbereich „KRITIS" sein. Wobei Bestandteile der kritischen Infrastruktur ebenfalls in der Wirtschaft verankert bzw. stark von deren Einfluss abhängig sind. Als Beispiel sei hier die Energieerzeugung genannt. Wie die gesamte Wirtschaft, ist auch die kritische Infrastruktur stark vom Außenhandel abhängig. Betrachtet man dazu beispielhaft die medizinische Versorgung, so ist diese in Deutschland größtenteils auf den Außenhandel und funktionierende Transportwege angewiesen. Nur ein Drittel der benötigten medizinischen Wirkstoffe werden in Europa hergestellt und Zwei-Drittel im Ausland - hauptsächlich in Asien - wobei die Produktionsketten mehrere Länder durchziehen können. Störungen in diesen Lieferketten haben direkte Auswirkung auf die medizinische Versorgung in Deutschland. (Focus Online, 2022) Auch im Bereich der Medizintechnik ist Deutschland von Importen abhängig. So belief sich im Jahr 2020 das Volumen von nach Deutschland importierter Medizintechnik auf rund 15,8 Milliarden Euro (Statista, 2022). Wird dieser Bereich der KRITIS gestört, hat dies direkte Konsequenzen für den Verbraucher. Zum Beispiel können notwendige Medikamente, wie aktuell bereits Schmerz- und Blutdruckmedikamente, nicht mehr geliefert werden. Das heißt, Verbraucher können nur unzureichend medikamentös versorgt werden, was im Umkehrschluss zu einer erhöhten Belastung dieses Wirkbereiches führen kann. Auch die Ausbreitung von Infektionskrankheiten kann im Extremfall bei der Störung der Medikamentenversorgung auftreten.

Von einem Lieferengpass wird dabei gesprochen, wenn ein Arzneimittel mindestens zwei Wochen nicht lieferbar ist. Seit 2013 werden dazu Lieferengpässe von Pharmaunternehmen an das

Bundesamt für Arzneimittel und Medizinprodukte (BfArM) gemeldet und öffentlich gelistet. (Hohenzollern Apotheke, 2022) Aktuell sind mit Stand Ende Mai 2022, bereits 258 Medikamente mit Lieferengpässen beim BfArM gelistet. Dabei ist zurzeit keine Beeinflussung durch den Ukrainekonflikt zu erkennen. (Deutsche Apotheker Zeitung, 2022)

Neben der Wirtschaft und den kritischen Infrastrukturen ist vor allem der Wirkbereich „Umwelt" von kriegerischen Auseinandersetzungen betroffen. Unstrittig ist dabei die direkte Betroffenheit und Umweltzerstörung im Krisengebiet selber. Kriegsbedingte Umweltschäden sind dabei im Völkerrecht verankert und im Zusatzprotokoll der Genfer Konvention sowie dem sogenannten Umweltkriegsübereinkommen werden Kriegsformen mit umweltverändernden Techniken mit „langanhaltenden oder schweren Auswirkungen" verboten. Dennoch benennt das Institut der Deutschen Wirtschaft auf seiner Homepage zahlreiche Umweltschäden, welche durch direkte Kampfhandlungen entstehen können. Dabei sind die Umweltschäden durch Kriege vielfältig. Neben verwüsteten Landschaften, brennen Kampffahrzeuge Waldgebiete und Felder nieder. Schadstoffe aus Bomben und anderen Waffen (z.B. Uranmunition) können das Grundwasser und Oberflächengewässer auch bis in benachbarte Länder kontaminieren. Das kann Auswirkungen auf die Landwirtschaft und auf die Nahrungsmittelversorgung der Bevölkerung auch bis weit nach dem Kriegsende haben. Angriffe auf Raffinerien und

Industrieanlagen können Bodenverseuchungen durch Öl und Chemikalien zur Folge haben, wie der Krieg in Syrien gezeigt hat. Im Irakkrieg 1991 wurden Hunderte Ölquellen in Kuwait in Brand gesetzt und hat auch dort schwere Konsequenzen für den Planeten verursacht. Knapp zwei Millionen Tonnen Rohöl wurden in den Persischen Golf geleitet (Institut der deutschen Wirtschaft, 2022). Die Bevölkerung in Deutschland kann es dabei, auch hinsichtlich der Entfernung zum Krisengebiet, unterschiedlich treffen. Verseuchte Landwirtschaftliche Produkte (z.B. Reis, Fisch etc.) können nicht mehr importiert und verkauft werden. Was wiederum zu Preissteigerungen im Lebensmittelbereich führen kann. Weiterhin können aber auch kontaminierte Lebensmittel in den Produktionskreislauf gelangen und im schlimmsten Fall zu Gesundheitsschäden führen. Die Luftfahrt kann durch Rußwolken gestört werden und weitere Produktionsketten beeinträchtigen sowie den Tourismus gefährden und damit weitere Wirtschaftszweige beeinflussen. Kontaminierter Niederschlag kann auch weit entfernt vom Krisengebiet die deutsche Landwirtschaft, zum Teil nachhaltig schädigen. In Extremfällen können Ruß- und Aschewolken ebenfalls das Klima beeinträchtigen und sich damit negativ auf die Landwirtschaft auswirken, wie es am Beispiel des Irakkrieges erkennbar wurde (Greenpeace, 2003)..

Der vierte Wirkbereich wird durch die Bevölkerung definiert. Kriegerische Auseinandersetzungen haben immer Auswirkungen auf die Bevölkerung. Diese Auswirkungen sind nicht nur direkt in dem Krisengebiet zu spüren, sondern überschreiten Grenzen und können auch in weit entfernten Ländern wirksam werden. In den letzten Jahrzenten gab es dafür viele Ereignisse, in denen kriegerische Auseinandersetzungen ohne Beteiligung Deutschlands trotzdem die Bevölkerung in der Bundesrepublik direkt trafen. Ob der Jugoslawienkrieg, die Irakkriege oder die Kriege in Syrien oder in Libyen – die deutsche Bevölkerung wurde durch die Kriegsflüchtlinge indirekt in das Geschehen mit eingebunden. Kulturen trafen aufeinander und nicht immer erfolgte die Aufnahme der Flüchtlinge mit positiven Effekten. Beispielhaft ist hier die Flüchtlingskrise im Jahr 2015 zu benennen. Die zunächst vor allem in den westlichen Bundesländern sehr positive, zum Teil enthusiastische Reaktion in der deutschen Bevölkerung begann sich nach wenigen Wochen zu verändern. Besonders im Osten Deutschlands war die Gesellschaft diesbezüglich gespalten und führte, u.a. in der Flüchtlingskrise zu Verwerfungen innerhalb der Bevölkerung. Das lag vor allem an der gewaltigen Zahl der Flüchtlinge sowie auch an einer „fremdem" Kultur und Lebensweise, mit welcher ein Großteil der Bevölkerung bisher keine oder nur sehr geringen Kontakte hatte. Bis Ende des Jahre 2015 wurden fast 1,1 Millionen Flüchtlinge registriert, im Jahr darauf noch einmal mehr als 320.000 (Statista, 2022). Grundsätzlich hielten die Bundesbürger in der Mehrheit die Aufnahme vor allem der syrischen Flüchtlinge weiterhin für richtig. In den sozialen Medien aber mehrten sich flüchtlingsfeindliche und bald auch offen rassistische Stimmen. Auch die "Bild" wechselte ihre Position und begann, die Flüchtlinge als Gefahr für Sicherheit und Wohlstand in Deutschland darzustellen. (Bundeszentrale für politische Bildung, 2020) Im Osten Deutschlands, in der Mehrheit in Sachsen, kam es zu Anti-Asyl-Demonstrationen, gewalttätigen Protesten und fremdenfeindlichen Ausschreitungen aus unterschiedlichen Beweggründen. Die im Sommer 2015 bereits im Niedergang befindliche rechtskonservative AfD setzte ganz auf das Flüchtlingsthema und gewann deutlich an Zustimmung (Mannewitz, 2018). Es ist erkennbar, dass durch kriegerische Handlungen, auch ohne Beteiligung Deutschlands, die Bevölkerung durch mögliche Flüchtlingsströme direkt betroffen ist und entsprechende Auswirkungen vorhanden sind. Diese Auswirkungen können im Alltagsleben, in Schulen und im Beruf spürbar werden. Entweder durch direkte Konfrontation oder indirekt durch notwendige Maßnahmen (z.B. Minimierung von Kommunalleistungen auf Grund erhöhter Sozialleistungen für Migranten). Wie in den meisten Ländern, wohnen auch in Deutschland viele Bürger mit Migrationshintergrund und unterschiedlichen Kulturen. Ob Flüchtling, Student, Wissenschaftler oder Arbeitnehmer, die Gründe für einen dauerhaften Aufenthalt in Deutschland können vielfältig sein. Jedoch bedeutet es auch, dass die Parteien, welche in eine kriegerische Auseinandersetzung untereinander oder mit einem Drittstaat eingebunden sind, diese Auseinandersetzungen auch auf deutschem Boden austragen können, was zu zusätzlichen Belastungen der Bevölkerung in Deutschland führen und auch innerhalb der Bevölkerung, z.B. durch Diskriminierung, Spannungen erzeugen kann. Natürlich beeinflussen nicht nur die Flüchtlingsströme die Bevölkerung, sondern auch die möglichen Auswirkungen von Produktions- oder Lieferstörungen, wie bereits weiter oben im Abschnitt aufgeführt wurde. So kann es dazu führen, dass sich der Lebensstandard der Bevölkerung reduziert. Zu dieser Reduzierung können Preissteigerungen in Energie, Baumaterialien und Lebensmittel führen. Auch ein möglicher Arbeitsplatzverlust durch wirtschaftliche Einschnitte kann den Lebensstandard gefährden. Bei einer parallelen Flüchtlingskrise mit wirtschaftlichen Einbrüchen ist auch eine Rezession mit verbundener Inflation möglich. Auch hier kann der derzeitige Ukrainekonflikt als Blaupause für die Auswirkungen auf die Bevölkerung angewandt werden. Wie eine Schufa-Umfrage ermittelte, sind 40 Prozent der Verbraucher in Sorge, ob sie ihren Lebensunterhalt noch bestreiten können. Weitere 14 Prozent der Verbraucher gaben an, dass sie Kredite aufnehmen werden müssen, wenn sie ihren Lebensstandard halten wollen. In Summe blicken die Deutschen mit gedrückter und ängstlicher Stimmung in die Zukunft. (Schufa, 2022) Das dieses Gefühl der Angst nicht unbegründet ist, zeigen auch aktuelle Studien des Kreditversicherer Allianz Trade und des ifo Instituts an der Universität

München, nach denen mit weiteren Preissteigerungen zu rechnen ist. „Das schlimmste kommt noch!" fasst es der Handelsexperte Aurélien Duthoit vom Kreditversicherer Allianz Trade das Ergebnis der Studie zusammen. (Welt Online, 2022)

Externe Kriegerische Auseinandersetzungen in einem Drittstaat mit Beteiligung Deutschlands als Risiko

Als Grundlage können die Auswirkungen von kriegerischen Auseinandersetzungen auf die jeweiligen Wirkbereiche aus dem vorherigen Abschnitt herangezogen werden. Auch bei einer Beteiligung Deutschlands können diese Auswirkungen auf die Wirkbereiche eintreten. Jedoch gibt es einen gravierenden Unterschied. In diesem Fall ist Deutschland direkt oder indirekt als Konfliktpartei beteiligt. Eine direkte Beteiligung als Zweit- oder Drittintervention kann im Rahmen von Bündnisverpflichtungen (z.B. NATO), UN-Mandaten, auf Grund bilateraler Beziehungen oder im Alleingang zur Wahrung nationaler Interessen erfolgen. Dabei variiert die Beteiligung als Konfliktpartei (kriegsführend) von der Entsendung deutscher Kampftruppen in das Krisengebiet bis hin zu Aufklärungs- oder Überwachungsflügen (z.B. Kontrolle von Flugverbotszonen) im Krisengebiet. Bei direkter Beteiligung ist diese nach außen klar erkennbar, unabhängig der rechtlichen Bewertung. Rechtsfiguren, die das Überschreiten der „Schwelle" zur kriegsführenden Partei beschreiben, finden sich etwa in der sog. „unmittelbaren Teilnahme an Feindseligkeiten" im Sinne von Art. 51 Abs. 3 des 1. Zusatzprotokolls (ZP I) zu den Genfer Konventionen oder in der „Einbeziehung in bewaffnete Unternehmungen" im Sinne des § 2 Parlamentsbeteiligungsgesetz. (Wissenschaftlicher Dienst des Bundestages, 2022) Davon getrennt ist die indirekte Beteiligung zu betrachten. Dabei wird davon ausgegangen, dass jeder Staat den angegriffenen Staat unterstützen kann und darf, ohne dabei selbst Konfliktpartei werden zu müssen. Dabei nimmt der unterstützende Staat eine nicht-neutrale, gleichwohl aber am Konflikt unbeteiligte Rolle ein (Krajewski, 2022). Die indirekte Beteiligung kann dabei die Unterstützung durch Waffenlieferungen sein, Versorgung von Verletzen innerhalb Deutschlands oder auch der Einsatz von Sanktionen gegen eine aktiv beteiligte Konfliktpartei. Zwischen Nichtkriegsführung und Konfliktteilnahme verbleibt hingegen eine schwierig zu beurteilende Grauzone. Diese Grauzonen eröffnen stets Möglichkeiten für rechtlich unterschiedliche Interpretationen und Bewertungen durch alle Beteiligten – auch hinsichtlich der Frage, ob eine Konfliktbeteiligung (durch Drittintervention) vorliegt oder nicht. (Wissenschaftlicher Dienst des Bundestages, 2022) Diesbezüglich kann auch das Shannon Weaver Modell (Sender-Empfänger-Modell) angewandt werden: Der Empfänger bestimmt den Inhalt der

Nachricht. Das heißt, dass eine indirekte Maßnahme, durch eine der Konfliktparteien als kriegsführend betrachtet werden kann. Mit entsprechenden Auswirkungen auf die Wirkbereiche.

Aufbauend auf die Risiken, welche bereits durch eine Neutralität entstehen können, nehmen die Auswirkungen bei einer Nicht-Neutralität auf die jeweiligen Wirkbereiche zu.

Erfolgt die Betrachtung des Wirkbereiches „Wirtschaft", dann können bei einer direkten Konfliktbeteiligung die Produktionsketten nicht nur als „Kollateralschaden" im Zuge des Konflikts beschädigt werden, sondern gezielt durch eine beteiligte Kriegspartei angegriffen und zerstört werden. Hier muss davon ausgegangen werden, dass diese Konfliktpartei bei einer gezielten Zerstörung von Produktionsketten oder –knoten, diese vorher bezüglich der Auswirkungen für die deutsche Wirtschaft analysiert hat. Das heißt, die Wirtschaft wird als primäres, legitimes Ziel betrachtet. Bezugnehmend auf die aktuelle Ukrainekrise verwenden alle Parteien den Bereich der Wirtschaft als Waffe. Einerseits werden Sanktionen und die Abkopplung von der weltweiten Bankenkommunikation als Mittel verwandt, andererseits werden Lieferstopps von Rohstoffen als wirtschaftliche Waffe eingesetzt, wie es derzeit bei Lieferstopps von Erdgas für Bulgarien, Polen und Westeuropa zu sehen ist. (Deutsche Welle, 2022) D.h. die Bundesrepublik muss sich ihrer eigenen Schwächen bewusstwerden und diese analysieren, um durch entsprechendes Einwirken auf die Konfliktparteien die Auswirkungen zu minimieren. Dies bedeutet aber auch, dass die Auswirkungen auf die Wirtschaft und damit auf die Bevölkerung gezielt geplant und zeitweise extremer ausfallen können, als bei einer Auswirkung im Bereich des „Kollateralschadens" im Zuge der Neutralität. Hier können die Betroffenheit und die damit verbundene Unzufriedenheit der Bevölkerung, bis hin zum Stimmungsumschwung als gewollte Situation durch die gegnerische Konfliktpartei betrachtet werden. Aber nicht nur die Produktionsketten können dabei, z.B. durch Embargos, im Blickpunkt stehen sondern auch ein direkter militärischer Angriff auf Wirtschaftsobjekte - auch auf deutschem Boden - ist möglich, mit allen daraus resultierenden Folgen für die Bevölkerung. Angst vor Verlust des Lebensstandards und des Lebensunterhaltes können mit der Angst vor militärischen Schlägen auf die Bevölkerung einhergehen. Als Beispiel ist hier der Krieg gegen den internationalen Terrorismus zu nennen. Durch die aktive Mitwirkung als Konfliktpartei, wurde Deutschland und deutsche Einrichtungen sowie die deutsche Bevölkerung zum Ziel von terroristischen Anschlägen. (Bundesministerium der Verteidigung, 2022) Analog kann es sich auch bei indirekter Beteiligung Deutschlands als Konfliktpartei verhalten. Es sind zwar gezielte militärische Schläge auf Wirtschaftszweige oder –standorte nicht zu erwarten, aber im Zuge von Sanktionen gegen einen beteiligten Konfliktteilnehmer sind auch Gegensanktionen möglich. Die Sanktionen können dabei sektorenübergreifend oder gezielt auf Produktionsketten und Wirtschaftszweige ausgerichtet sein, u.a. mit dem Ziel, durch Änderung des Lebensstandards oder Lebensunterhaltes die Bevölkerung mit vollen Konsequenzen zu treffen. Der durch Sanktionen angerichtete wirtschaftliche und humanitäre Schaden ist häufig kein unerwünschter Kollateralschaden, sondern Teil des Konzepts. (Klein, 2007)

Auch im Wirkbereich „KRITIS" können Schwachstellen gezielt angegriffen werden, um in diesen Bereichen Störungen zu erreichen. Wiederum mit dem Ziel einer Auswirkung auf die Bevölkerung. In der direkten kriegsführenden Rolle können ebenfalls auch militärische Schläge zur Zerstörung der KRITIS zum Einsatz kommen, um diese zu schädigen oder zu zerstören bzw. Produktions- und Versorgungsketten zu unterbrechen. Bei einer nicht-kriegsführenden Positionierung aber einer indirekten Beteiligung in einem Konflikt können ebenfalls Sanktionen und Produktionsketten eine zentrale Rolle spielen. Durch Gegensanktionen können diese, wie auch im Bereich der Wirtschaft, geschädigt bzw. gezielt getroffen werden. Aber auch Cyberattacken werden als Waffe u.a. auf Einrichtungen der kritischen Infrastruktur eingesetzt und können dramatische Auswirkungen für die Bevölkerung haben. So ist eine Zunahme dieser Attacken auch im aktuellen Ukrainekonflikt festzustellen. (Handelsblatt, 2022) Häufig kann bei Cyberangriffen dabei weder auf die Identität noch auf die Hintergründe des Angreifers geschlossen werden (verivox, 2022).Dies ermöglicht ein aktives Handeln unter Verwendung der Cyberattacken als Waffe durch eine Konfliktpartei, vor allem im Graubereich einer unklaren oder nicht offenen Konfliktbeteiligung Deutschlands, ohne Spuren zu hinterlassen, aber die Bevölkerung trotzdem nachhaltig zu treffen.

Die Bevölkerung selbst ist als Wirkbereich in einer direkten, wie auch indirekten Konfrontation als der leidtragende Bereich zu betrachten. Aufbauend auf die Auswirkungen, welche bereits bei einer Neutralität Deutschlands auf die Zivilbevölkerung zukommen, so können die Auswirkungen bei einer Nicht-Neutralität die Situation massiv verschärfen. Ist Deutschland als kriegsführende Partei involviert, kann die deutsche Bevölkerung von einer beteiligten Konfliktpartei auch als Gegner wahrgenommen werden. Im extremsten Fall, kann dies zum Einsatz militärischer Mittel innerhalb Deutschlands führen - mit allen daraus folgenden Konsequenzen (Wissenschaftlicher Dienst des Bundestages, 2022). Als zusätzliche Belastung wären auch mögliche Verluste deutscher Soldaten durch Kampfgeschehen zu werden, was zu diversen Unruhen innerhalb der Bevölkerung führen kann. Als Vergleich sei hier die Friedensbewegung zu Zeiten des Vietnamkrieges zu nennen, während derer gesamtgesellschaftliche Proteste als positives Ergebnis den Krieg beendeten.

Zusammenfassung der Einwirkungen auf die Bevölkerung

In Summe kann festgestellt werden, dass die Bevölkerung der Leidtragende bei kriegerischen Konflikten ist. Wirtschaftliche Einbrüche, Arbeitslosigkeit, fehlende Medikamente, steigende Rohstoff- und Lebensmittelpreise, Rezession, Verlust des Lebensstandards, soziale Unruhen sowie der Verlust von Angehörigen sind nur eine geringe Auswahl von Auswirkungen auf die Bevölkerung. Vor allem der geringverdienende und sozialleistungsabhängige Teil der Bevölkerung wird am stärksten betroffen sein. Dies zeigen auch die Auswirkungen des aktuellen Ukrainekonfliktes in der heutigen Zeit.

Zusätzlich kann die Bevölkerung mit Flüchtlings- und Migrationsbewegungen konfrontiert werden. Dazu gehört die Integration in den Arbeitsmarkt, genauso wie in Schulen, Kindergärten und in ein soziales Umfeld (Wohnung, Sportvereine etc.). Auch medizinische Versorgungsstrukturen sind elementar für die Geflüchteten. Die Lage auf dem aktuell bereits angespannten Wohnungsmarkt kann sich durch eine wachsende Zahl von Flüchtlingen und Migranten weiter verschärfen, vor allem in (Groß-)Städten. Bezugnehmend auf die Flüchtlinge aus der Ukraine, geht eine Studie des ZIA allein von bis zu 500.000 zusätzlich benötigten Wohnungen aus. Selbst wenn diese Zahlen nicht verlässlich und zukünftige Flüchtlingsbewegungen nicht vorhersagbar sind, ist Konkurrenz und Verdrängung, u.a. bei gefördertem Wohnraum, absehbar und können soziale Verwerfungen befördern, denn bezahlbarer Wohnraum ist gerade in den Großstädten knapp. (Friedrich-Ebert-Stiftung, 2022)

Bei fehlenden Gegenmaßnahmen, vor allem im sozialen Bereich, können die Auswirkungen in der Bevölkerung sich spiralartig verschärfen und die demokratischen behördlichen Strukturen sowie die Maßnahmen von Politik und Behörden in Frage stellen. Eine Öffnung von Teilen der Bevölkerung für Fake-News und Propaganda einer konfliktbeteiligen Partei ist möglich und kann zu Spannungen und Spaltungen in der Bevölkerung führen. Im Endeffekt kann dies zu einer verfassungsrechtlichen Delegitimierung des Staates, Widerstand gegen staatliche Maßnahmen und Entscheidungen sowie Aufrufen zu Gewalt und im schlimmsten Fall sogar zu Morden führen (Bundesministerium des Innern und für Heimat, 2022).

Vorhandene Krisenmanagementmaßnahmen für die Bevölkerung

Bereits jetzt gibt es in Deutschland für die einzelnen Wirkbereiche gesetzliche Regelungen, Sicherstellungs- und Vorsorgegesetze, um die Auswirkungen auf die jeweiligen Strukturen und vor allem auf die Bevölkerung zu begrenzen. Die Differenzierung erfolgt dabei zwischen den Sicherstellungsgesetzen, welche grundsätzlich nur anwendbar sind, wenn die Voraussetzungen des Zustimmungs-, Bündnis-, Spannungs- oder Verteidigungsfalls vorliegen und deren Eintritt festgestellt wurden. Vorsorgegesetze, sind neben den Anwendungsfällen vorher genannten Fällen, zusätzlich dann anwendbar, wenn besonderen Gefahrenlagen (Krisen und Notfallbewältigung) vorliegen, z.B. bei Naturkatastrophen oder besonders schweren Unglücksfällen/Großschadenslagen. Die Anwendbarkeit dieser Gesetze ist demnach grundsätzlich im Vorfeld gesperrt und bedarf der Feststellung einer beschriebenen Krisensituation (Anwendungsvorbehalt), welche zum Teil durch Parlamentsbeschluss erfolgen muss (Art. 80a, 115a GG). Ziel ist es, in den Fällen der vorgehend beschriebenen Notstände vor allem die Versorgung der Zivilbevölkerung und der Streitkräfte, mit den erforderlichen Gütern und Leistungen, zum Beispiel durch das Wirtschaftssicherungsgesetz (WiSiG) sicherzustellen. (Bundesamt für Bevölkerungsschutz und Katastrophenhilfe, 2022)

Weitere Maßnahmen können unter anderem die (unter hoheitlicher Aufsicht) kontrollierte Zuweisung und Vergabe von Lebensmitteln darstellen. Um die Versorgungsplanung und Bevorratung von Lebensmitteln für die Bevölkerung sicherzustellen wurde daher das Ernährungssicherstellungs- und –vorsorgegesetz (ESVG) erlassen. Auch geben entsprechende Ermächtigungen in Gesetzen den Exekutiven die Möglichkeit, für den Zeitraum einer Krise, spezielle Vorschriften zur Sicherstellung der Versorgung der Bevölkerung zu erlassen ggfs. auch Einschränkungen zu verhängen (z.B. Eilverordnungen für nach § 96 Strahlenschutzgesetz). Die zentrale Herausforderung bei diesen Szenarien (Krise, Spannungsfall, Katastrophe) liegt dabei darin, verfügbare Lebensmittel trotz etwaigen Ausfalls weiterer Infrastrukturen (Energie, Transport, Arbeitskräfte) schnell, gleichmäßig und sicher an die Bevölkerung zu verteilen. Die hierzu vorgesehenen Befugnisse (Ermächtigungen) sollen ermöglichen, dass die zuständigen Behörden einzelne Betriebe der Agrar- und Ernährungswirtschaft einstweilig in Anspruch nehmen können, soweit dies zur Bekämpfung einer Versorgungskrise erforderlich ist. (Bundesministerium für Ernähung und Landwirtschaft, 2022) Ein weiteres Werkzeug im Notfallmanagement ist das vom Bund erlassene Energiesicherheitsgesetz (EnSiG), welches unter Verwendung von Ermächtigungen die Energieversorgung sicherstellen soll. Dabei spielt auch die Sicherung der kritischen Infrastruktur mit Energie und Energieträgern eine wesentliche Rolle.

Als Werkzeug für die Sicherungsmaßnahmen gelten den neben den Ermächtigungsmöglichkeiten die Treuhandverwaltung und Enteignung von Unternehmen der Energieversorgung eine zentrale Rolle. Ein aktuelles Beispiel ist die Anwendung des Notfallplanes Gas durch die Bundesregierung. Dabei wurde auf Grund der Geschehnisse um den Ukrainekonflikt die Frühwarnstufe ausgerufen. Weiterhin erfolgte die Anwendung einer Treuhandverwaltung durch die Bundesnetzagentur über die Gaslagerstätten von Gazprom Germania im April dieses Jahres. (tagesschau, 2022)

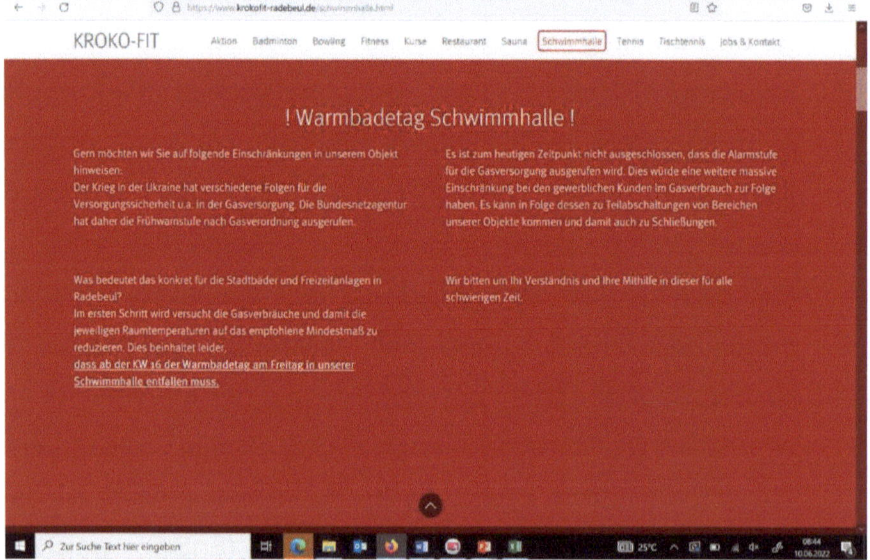

Abbildung 4 Beispiel für die Aktivierung des Notfallplanes Gas

Zusätzlich hat die Bundesrepublik aus versorgungspolitischen Gründen staatliche Nahrungsmittelreserven angelegt, deren Menge im Jahresverlauf keinen Schwankungen unterliegt. Diese Reserven werden eingeteilt in die Zivile Notfallreserve (Reis, Hülsenfrüchten und Kondensmilch) und in die Bundesreserve Getreide (Weizen, Roggen, Hafer), welche aus organisatorischen Gründen in der Nähe von Mühlen untergebracht sind. (Bundesministerium für Ernähung und Landwirtschaft, 2022)

Abbildung 5 Ratgeber des BBK für die private Notfallvorsorge

Weiterhin verweist der Bund, explizit das BBK auf seiner Homepage, auch auf die notwendige private Vorsorge für Krisenzeiten. Mit Checklisten und Ratschlägen sollen die Verbraucher motoviert werden, Vorräte für mindestens zehn Tage vorzuhalten, um autark von externen Einflüssen zu sein. Mit diesen Vorräten sollen auch die Anlaufzeiten für die staatliche Hilfe überbrückt und ein möglicher Ansturm auf offene Läden verhindert werden.

Ob in dieser Vorsorge auch mögliche Flüchtlings- und Migrationszuwächse in der Bevölkerung mit einberechnet worden sind, geht aus den öffentlich zugänglichen Unterlagen nicht hervor.

Mit weiteren Vorschriften im Bereich der Notfallversorgung der Bevölkerung, sollen u.a. auch die Trinkwasserbereitstellung gewährleistet werden. Das Wassersicherstellungsgesetz (WasSiG) soll im Verteidigungsfall die Sicherstellung der Bevölkerung und der kritischen Infrastruktur mit Trinkwasser garantieren. Jedoch gibt es die Möglichkeit, dass die Anlagen der Trinkwassernotversorgung, wie z.B. mobile Trinkwasserkomponenten oder die Bundesnotbrunnen auch außerhalb des Zivilschutzfalles eingesetzt werden können. Die dabei zu beachtende Trinkwasserverordnung (TrinkwV 2001) erfordert die Entscheidung des zuständigen Gesundheitsamtes, ob und mit welchen Auflagen Wasser aus Notbrunnen oder anderen Quellen über welchen Zeitraum verwendet werden darf. (Bundesamt für Bevölkerungsschutz und Katastrophenhilfe, 2022)

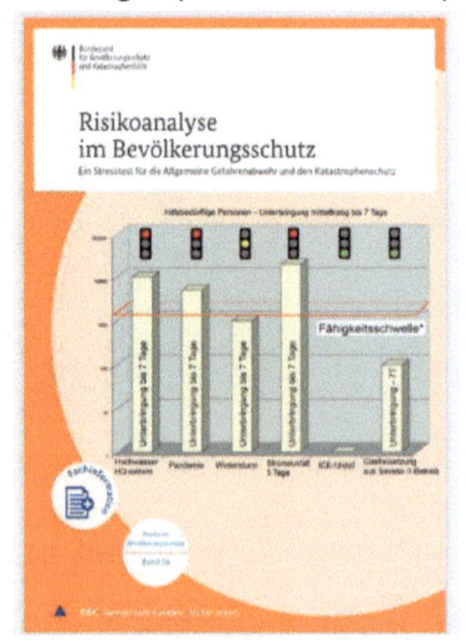

Abbildung 6 Leitfaden des BBK zur Erstellung einer Risikoanalyse

Der Schutz der kritischen Infrastruktur soll mit der Richtlinie 2008/114/EG des Rates vom 8. Dezember 2008 über die Ermittlung und Ausweisung europäischer kritischer Infrastrukturen und die Bewertung der Notwendigkeit, verbessert werden. Ein Schwerpunkt dabei ist eine Risikoanalyse im Bevölkerungsschutz, welche seit 2009 im § 18 des Zivilschutz- und

Katastrophenhilfegesetzes (ZSKG) verankert ist. Wobei im Aufgabenbereich differenziert werden muss, in der Hinsicht, dass für Katastrophenschutz die Länder zuständig sind. Hier ist es eine Frage der jeweiligen Ländergesetzgebung. Der Bund, als für den Zivilschutz verantwortlich, greift im Verteidigungsfall auf die Länder(-katastrophenschutz-)strukturen zurück (Doppelnutzen). Ziel der o.g. Risikoanalyse ist die Erkennung der wichtigsten gegenseitigen Abhängigkeiten in der Risikoanalyse, welche von großem Wert für das Risiko- und Krisenmanagement insgesamt ist. Schließlich können Kaskadeneffekte zu Versorgungsausfällen auch weit außerhalb des ursprünglichen Schadensbereiches führen. Für die Analyse, welche vom Bund im Zusammenwirken mit den Ländern durchgeführt wird, werden fiktive, aber plausible Szenarien zu Grunde gelegt. Jedoch werden auch die Betreiber der kritischen Infrastrukturen durch diverse zuständige Rechtsvorschriften (z.B. IT-Sicherheitsgesetz) in die Pflicht genommen, sich explizit auf Krisen vorzubereiten. Auch empfiehlt und unterstützt das BBK die Betreiber bei der Erstellung einer Risikoanalyse und dem Aufbau eines Risikomanagements. Hierzu zählen beispielsweise der Aufbau von Krisenstäben oder die Beschreibung von Informations- und Meldewegen im Ereignisfall. Solche Organisationsstrukturen sollen Einrichtungen der KRITIS in die Lage versetzen, in Krisen eigenständig und möglichst unabhängig zu agieren. Dabei soll das Risikomanagement nicht nur Behörden zum Schutz der Bevölkerung dienen – es soll auch von den Betreibern kritischer Infrastrukturen auf ihre internen Prozesse angewendet werden. So können KRITIS-Betreiber verhindern, dass wichtige Dienstleistungen ausfallen und leisten damit ihren Beitrag zum Bevölkerungsschutz und zur Sicherung des Wirkbereiches „Bevölkerung". (Bundesamt für Bevölkerungsschutz und Katastrophenhilfe, 2022)

Im Verteidigungsfall obliegt das Krisenmanagement im Bereich des Bevölkerungsschutzes der Bundesebene (§ 1 des Zivilschutz- und Katastrophenhilfegesetz (ZSKG). Da aber ein Dual-Use-System herrscht, bedeutet das, dass die Bundesländer in Krisen die Möglichkeit haben, auf diese vorgeplanten Maßnahmen zuzugreifen. Im Rahmen dieser Maßnahmen unterhält der Bund z.B. medizinische Einheiten (Medical Task Forces, MTFs), welche autark arbeiten können, um z.B. ein Behelfskrankenhaus zu betreiben. Jedoch können diese Kräfte im Anforderungsfall auch in der Flüchtlingshilfe und in der Stärkung der medizinischen kritischen Infrastruktur (Rettungsdienst, Pflegeheime, Krankenhäuser) eingesetzt werden. Auch in der pharmazeutischen Sicherstellung wurden durch den Bund Maßnahmen getroffen. So legte dieser Bundesweit 16 Sanitätsmateriallager mit Komponenten zur traumatisch-thermischen Versorgung von Patienten an. Diese sollen nach der Erfahrung aus der Pandemie auf 50 Standpunkte erhöht und inhaltsmäßig erweitert werden. (Bundesamt für Bevölkerungsschutz und Katastrophenhilfe, 2022) Weiterhin sind Apotheken und der Pharmagroßhandel im

Rahmen der Apothekenbetriebsordnung dazu verpflichtet Sanitätsmaterial für eine bzw. zwei Wochen zu bevorraten um etwaige Lieferengpässe überbrücken zu können (§§15, 30 Apothekenbetriebsordnung (ApBetrO), § 52 b Arzneimittelgesetz (AMG)).

Auch der psychosoziale Bereich wurde durch den Bund im Rahmen des Bevölkerungsschutzes beachtet. So erfolgte der Aufbau einer Koordinierungsstelle NOAH (Nachsorge, Opfer- und Angehörigenhilfe) der Bundesregierung bietet nach schweren Unglücksfällen, Terroranschlägen und Naturkatastrophen im Ausland oder sonstigen schweren Schadensereignissen eine akute und längerfristige psychosoziale Versorgung an. NOAH ist eine Einrichtung der Bundesregierung und wurde Ende des Jahres 2002 geschaffen. Die Aufgabenübertragung erfolgte nach §16 des Zivilschutz- und Katastrophenhilfegesetzes (ZSKG). Damit ist die Koordinierungsstelle NOAH Teil der operativen Einheiten des Bundesamtes für Bevölkerungsschutz und Katastrophenhilfe. Die Koordinierungsstelle berät telefonisch und vermittelt weiterführende Hilfe (Bundesamt für Bevölkerungsschutz und Katastrophenhilfe, 2022). Ob NOAH auch in Größenordnungen oberhalb von Einzelereignissen effektiv tätig sein kann, z.B. bei einer landesweiten Betroffenheit, ist jedoch unklar und kommt aus den verfügbaren Unterlagen nicht hervor.

Mit dem Lagebild Bevölkerungsverhalten, basierend auf der Aufgabenübertragung nach §4 des Zivilschutz- und Katastrophenhilfegesetzes (ZSKG) hat das BBK in den vergangenen Jahren die gesellschaftswissenschaftliche Perspektive im Bevölkerungsschutz maßgeblich gestärkt und ausgestaltet. Die gesellschaftswissenschaftliche Dimension des Krisenmanagements wird als Lagebild Bevölkerungsverhalten weiterentwickelt und stärker in die Gefahrenabwehr implementiert. Die Ergebnisse werden standardisiert in alle Bereiche des Krisenmanagements eingebracht und dienen den kommunalen Behörden in Krisenzeiten als Lagebild für die Bevölkerung (Bundesamt für Bevölkerungsschutz und Katastrophenhilfe, 2022).

Zusätzlich zu den Maßnahmen des Bundes im Bereich des Bevölkerungsschutzes, sind die Bundesländer, welche originär nach Art. 70 des Grundgesetzes für den Katastrophenschutz zuständig sind, angehalten weitere Maßnahmen zum Schutz der Bevölkerung in Krisensituationen vorzunehmen. Diese Maßnahmen (z.B. Organisation der Lebensmittelausgabe unter hoheitlicher Aufsicht) spiegeln sich entsprechend in den einzelnen Landesgesetzen (z.B. Krankenhausgesetzen, Katastrophenschutzgesetzen) wider.

U.a. fangen die sozialen Beratungsstellen von Behörden und Hilfsorganisationen auf Landesebene das breite Spektrum der Bevölkerung in schwierigen sozialen Situationen auf bzw. leisten als Anlaufpunkt erste beratende Hilfe. Inwieweit es auf dieser Ebene

Konzepte bezüglich den Ereignissen aus kriegerischen Auseinandersetzungen gibt, konnte nicht eruiert werden.

In Summe sollen diese Maßnahmen dazu dienen, die Auswirkungen von Beeinträchtigungen diverser Genese auf die Nahrungsmittelversorgung, Energiesicherheit und medizinische Versorgung auf die Bevölkerung zu minimieren. Inwieweit diese Maßnahmen auch unbürokratisch und effektiv wirken können, geht aus den zugänglichen Unterlagen nicht hervor. Die meisten Planungen berücksichtigen hauptsächlich kurzfristige Einschränkungen von einigen Tagen oder wenigen Wochen, z.B. Blackout oder sonstige Naturkatastrophen. Allein die Vorsorgegesetze, welche hauptsächlich für den Verteidigungsfall erstellt wurden sind, planen mit längerfristigen Auswirkungen. Inwieweit die Umsetzungen und Krisensicherheiten diesbezüglich vorhanden sind, lässt sich ebenfalls nicht erfassen, da nähere Informationen dazu klassifiziert sind.

Weitere mögliche Maßnahmen zum Risikomanagement hinsichtlich der Bevölkerung

Die jetzigen Risikoanalysen und Notfallmanagementmaßnahmen beruhen größtenteils auf kurzzeitigen Einschränkungen und Ausfällen hinsichtlich Stromausfall, Blackout, Naturkatastrophen und terroristischen Situationen. Den Autoren dieser Arbeit, welche im Bereich der kritischen Infrastruktur tätig sind, sind keine Planungen oder Analysen für langfristige Einschränkungen bekannt. Erst die Coronapandemie, welche die Auswirkungen von Störungen auf globale Produktionsketten zeigte, regte zum Umdenken hinsichtlich der Resilienzen in den Wirkbereichen an. Bisherige kriegerische Auseinandersetzungen fanden geringe (Bürgerkrieg im Kongo) bis fast keine Beachtung (Jemenkonflikt), da diese keine Auswirkungen auf die Produktionsketten hatten. Mit dem Syrienkonflikt wurde Deutschland erstmalig vor die komplexe Situation einer Massenmigration und den damit verbundenen Auswirkungen gestellt. D.h. um die Resilienz im Bevölkerungsschutz zu optimieren, müssen globale Liefer- und Produktionsketten auf Beeinträchtigungen analysiert und Knotenpunkte mit der Möglichkeit von Kaskadenbildung identifiziert werden. Eine Risiko- und Krisenanalyse endet nicht an den Grenzen der Bundesrepublik Deutschland. Alle Eventualitäten, welche auf die deutsche Bevölkerung einwirken können, sind zu untersuchen, nach ihrer Eintrittswahrscheinlichkeit und Auswirkung zu betrachten und mit Gegenmaßnahmen zu hinterlegen. Dabei müssen Maßnahmen fachlich und nicht politisch untermauert werden.

Ein wichtiger Bestandteil des Krisenmanagements ist, wie in Abbildung 1 dargestellt, die Nachbereitung. Dieses beinhaltet nicht nur möglichen Wiederaufbaus und

Schadensbeseitigungsmaßnahmen, sondern auch die zeitnahe Auswertungen von Krisen und Einbezug der Auswertungen in zukünftige Handlungen. Hier hat Deutschland einen Nachholebedarf. Der Sächsische Landesbranddirektor Herr Dr. Schneider hat es im Rahmen der Waldbrände in Sachsen treffend formuliert: „Es gibt eine Katastrophen-Demenz in Deutschland". Deutschland sollte diesbezüglich nicht nur von eigenen Katastrophen und Krisen lernen, sondern Krisen – auch mit militärischen Hintergrund – weltweit beobachten und analysieren und die Auswirkungen auf Deutschland untersuchen. Gegebenenfalls sind Strukturen auch in Deutschland anzupassen und rechtliche Rahmen zu anzupassen.

Der Bereich der Prävention im Krisenmanagementzyklus gibt den größten Spielraum, um Krisen zu meistern bzw. deren Auswirkungen zu mildern. Darunter fallen u.a. auch Analysen zum derzeitigen Resilienzstand Deutschlands. Das Bundesamt für Bevölkerungsschutz und Katastrophenhilfe hat in seiner Tätigkeitszeit dazu auch unterschiedliche Themenbereiche beleuchtet und Analysen erstellt. Jedoch werden nur geringe Bestandteile davon umgesetzt, wie es die Autoren durch ihre berufliche Tätigkeit erfahren mussten. Hier muss von Seiten der Behörden und der Politik ein rigoroses Umdenken erfolgen. Die besten Pläne und Analysen helfen in Krisenzeiten nicht, wenn diese nicht umgesetzt werden.

Weiter Maßnahmen sind auch:

1. Stärkung der Risikowahrnehmung in der Bevölkerung, z.B. durch Einführung eines Unterrichtsfaches
2. Stärkung der Krisenresilienz der Bevölkerung durch rechtliche Vorgaben im Bereich Vorsorge und Bevorratung
3. Stärkung der Krisenresilienz der Wirtschaft und KRITIS durch rechtliche Vorgaben im Bereich Vorsorge und Bevorratung (z.B. Pflicht für NEA's)
4. Sicherung von Redundanzen hinsichtlich Heizmöglichkeiten für die Bevölkerung
5. Schaffung von Redundanzen im Bereich der KRITIS (z.B. Ersatzkraftwerke auf Gemeinde bzw. Landkreisebene für möglichen Inselbetrieb, Reservekrankenhäuser)
6. Erhöhung der Notfallbevorratung für unterschiedliche Produkte
7. Minimierung der globalen Abhängigkeit durch Grundproduktion innerhalb Deutschlands und Diversion von Produktketten

Ein wichtiger Punkt ist auch der Abbau von Bürokratie für den Krisenfall und Abkehr von politischen Zielen. D.h. in Falle eines möglichen Nahrungsmittelengpasses sollten die Bauern unbürokratisch und schnell stillgelegte Anbauflächen wieder aktivieren dürfen. Auch ist im Sinne der Nahrungsmittelproduktion kurzfristig von ökologischen Standards abzuweichen

(Düngemitteleinsatz). Im Bereich der Politik muss sich diese von einem Ökologischen Wunschziel in der Krise distanzieren. Ob Feinstaubbelastung oder CO_2-Bilanz, in Krisenzeiten können diese nicht die Norm sein, welche ein Krisenmanagement behindert.

Im Bereich des Risikomanagements sind sind Netzwerkanalysen durchzuführen und Knotenpunkte für Kaskaden herauszufiltern. Diese müssen gestärkt und ggf. mit Streßtests auf ihre Krisensicherheit getestet werden. Streßtests sollten im Allgemeinen regelmäßig im Bereich der KRITIS und im Rahmen der Krisenvorsorge durchgeführt werden, um Schwachpunkte zu entdecken. Dabei sollte es in den möglichen Szenarien keine politischen Tabus geben.

Auch die Auswirkungen längerfristigen Lebensstandardverlustes in der Bevölkerung müssen untersucht und in Notfallplänen betrachtet werden.

Nachwort

Über die Auswirkungen von kriegerischen Ereignissen auf entsprechende Produktionsketten, und Wirkbereiche können viele Untersuchungen sowie Risikoanalysen erstellt werden. Jedoch haben kriegerische Auseinandersetzungen den Beigeschmack, dass diese überraschend auf die Produktionsketten zum Tragen kommen und in ihrem Verlauf mit allen Auswirkungen unberechenbar sein können. Auch die Auswirkungen auf die Bevölkerung, vor allem im Bereich der sozialen Unruhen können betrachtet, analysiert und eingeplant werden. Wie sich aber die Bevölkerung im Endeffekt in einer realen Einschränkungslage verhält, ist nicht vorhersehbar.

Ziel sollte es daher sein, dass die Bundesrepublik aus dem Status einer absoluten Neutralität mit diplomatisch geschicktem Agieren kriegerische Auseinandersetzungen verhindert bzw. beendet und somit auch die deutsche Bevölkerung mit ihrer Wirtschaft und ihrer kritischen Infrastruktur schützt. Oder wie es Oberst a.D. Jürgen Hübschen trefflich formulierte: „Kriege werden nicht militärisch entschieden, sondern in diplomatischen Verhandlungen beendet." Kriege sind keine Naturkatastrophen, welche völlig überraschend ausbrechen. Sie haben immer eine Vorgeschichte, in welche die Diplomatie erfolgreich greifen kann. Dies sollte Deutschlands oberste Aufgabe im diesbezüglichen Krisenmanagement sein. Keine Kriege benötigen schließlich auch keine Notfallmaßnahmen.

Literaturverzeichnis

BBK, 2022. *Krisenmanagement.* [Online]
Available at:
https://www.bbk.bund.de/DE/Themen/Krisenmanagement/krisenmanage
ment_node.html;jsessionid=6EC1D7990237B5A82B7821ADCA78E350.live
362
[Zugriff am 15 Mai 2022].

Bilban, C. et al., 2022. *Sicherheitspolitische Zeitwende: Regionale und Institutionelle Auswirkungen,* Wien: Institut für Friedenssicherung und Konfliktmanagement - Landesverteidigungsakademie Wien.

Bundesamt für Bevölkerungsschutz und Katastrophenhilfe, 2022. *Koordinierungsstelle NOAH.* [Online]
Available at:
https://www.bbk.bund.de/DE/Themen/NOAH/noah_node.html
[Zugriff am 07 Juni 2022].

Bundesamt für Bevölkerungsschutz und Katastrophenhilfe, 2022. *Lagebild Bevölkerungsverhalten.* [Online]
Available at:
https://www.bbk.bund.de/DE/Themen/Krisenmanagement/Lagebild/Bevo
elkerungsverhalten/bevoelkerungsverhalten_node.html
[Zugriff am 06 Juni 2022].

Bundesamt für Bevölkerungsschutz und Katastrophenhilfe, 2022. *Risikomanagement in kritischen Infrastrukturen.* [Online]
Available at: https://www.bbk.bund.de/DE/Themen/Kritische-
Infrastrukturen/Schutzkonzepte-KRITIS/Risikomanagement-

KRITIS/risikomanagement-kritis_node.html
[Zugriff am 07 Juni 2022].

Bundesamt für Bevölkerungsschutz und Katastrophenhilfe, 2022.
Sanitätsmaterialbevorratung. [Online]
Available at: https://www.bbk.bund.de/DE/Themen/Gesundheitlicher-
Bevoelkerungsschutz/Sanitaetsmaterialbevorratung/sanitaetsmaterialbev
orratung_node.html
[Zugriff am 06 Juni 2022].

Bundesamt für Bevölkerungsschutz und Katastrophenhilfe, 2022.
Sicherstellungs- und Vorsorgegesetze. [Online]
Available at:
https://www.bbk.bund.de/SharedDocs/Glossareintraege/DE/S/sicherstell
ungs_vorsorgegesetz.html
[Zugriff am 05 Juni 2022].

Bundesamt für Bevölkerungsschutz und Katastrophenhilfe, 2022.
Wassersicherstellung. [Online]
Available at: https://www.bbk.bund.de/DE/Themen/Kritische-
Infrastrukturen/Sektoren-
Branchen/Wasser/Wassersicherstellung/wassersicherstellung_node.html#
vt-sprg-1
[Zugriff am 04 Juni 2022].

Bundesamt für Bevölkerungsschutz, 2022. *BBK - Zivilschutz - Krieg in der
Ukraine.* [Online]
Available at: https://www.bbk.bund.de/DE/Das-
BBK/Zivilschutz/zivilschutz_node.html
[Zugriff am 30 Mai 2022].

Bundesamt für Statistik, 2021. *Die Folgen der Coronapandemie in 10
Zahlen.* [Online]
Available at:

https://www.destatis.de/DE/Presse/Pressemitteilungen/2021/03/PD21_N
023_p001.html
[Zugriff am 23 Mai 2022].

Bundesministerium der Verteidigung, 2022. *Sicherheitspolitik.* [Online]
Available at: https://www.bmvg.de/de/themen/sicherheitspolitik
[Zugriff am 02 Juni 2022].

Bundesministerium des Innern und für Heimat, 2022.
Verfassungsschutzbericht 2021, Bexbach: Kern GmbH.

Bundesministerium für Ernähung und Landwirtschaft, 2022. *Staatliche
Vorsorge.* [Online]
Available at: https://www.ernaehrungsvorsorge.de/staatliche-
vorsorge/rechtsgrundlagen/
[Zugriff am 05 Juni 2022].

Bundeszentrale für politische Bildung, 2020. *Aus Politik und Zeitgeschicht -
"Wir schaffen das" Die "Flüchtlingskrise" 2015 im historischen Kontext.*
[Online]
Available at: https://www.bpb.de/shop/zeitschriften/apuz/312832/vor-
dem-5-september/#footnote-target-36
[Zugriff am 01 Juni 2022].

Deutsche Apotheker Zeitung, 2022. *Könnte sich der Ukraine-Krieg auf die
deutsche Arzneimittelversorgung auswirken?.* [Online]
Available at: https://www.deutsche-apotheker-
zeitung.de/news/artikel/2022/03/01/koennte-sich-der-ukraine-krieg-auf-
die-deutsche-arzneimittelversorgung-auswirken
[Zugriff am 29 Mai 2022].

Deutsche Welle, 2022. *Bulgarien: Russland nutzt Erdgas als politische
Waffe.* [Online]
Available at: https://www.dw.com/de/bulgarien-russland-nutzt-erdgas-

als-politische-waffe/a-61612021
[Zugriff am 02 Juni 2022].

Felbermayr, G., 2021. *Wirtschaftswoche.* [Online]
Available at: https://www.wiwo.de/politik/deutschland/welt-wirtschaft-
es-braucht-ein-team-deutschland-fuer-eine-neue-
aussenhandelsstrategie/27257118.html
[Zugriff am 30 05 2022].

Focus Online, 2022. *Engpässe „immer dramatischer": Warum Sie manche
Medikamente gerade nicht bekommen.* [Online]
Available at: https://www.focus.de/gesundheit/news/apotheker-
erklaeren-lieferprobleme-engpaesse-immer-dramatischer-warum-sie-
manche-medikamente-jetzt-nicht-bekommen_id_90395404.html
[Zugriff am 28 Mai 2022].

Friedrich-Ebert-Stiftung, 2022. *Die sozialen Auswirkungen des Ukraine-
Kriegs in Deutschland.* [Online]
Available at: https://www.fes.de/themenportal-wirtschaft-finanzen-
oekologie-soziales/artikelseite/die-sozialen-auswirkungen-des-ukraine-
kriegs-in-deutschland
[Zugriff am 04 Juni 2022].

Greenpeace, 2003. *Krieg gegen die Umwelt - Das Beispiel Irak.* [Online]
Available at: https://www.greenpeace.de/frieden/krieg-umwelt
[Zugriff am 29 Mai 2022].

Handelsblatt, 2022. *Experte: Cyberrisiken ziehen mit Ukraine-Krieg weiter
an.* [Online]
Available at: https://www.handelsblatt.com/dpa/hackerangriffe-experte-
cyberrisiken-ziehen-mit-ukraine-krieg-weiter-an/28404780.html
[Zugriff am 04 Juni 2022].

Hartung, U.-P. D. T., 2022. *Vorlesungsunterlagen PANK: Risk Governance,* Montanuniversität Leoben: s.n.

Hohenzollern Apotheke, 2022. *Lieferengpässe bei Medikamenten.* [Online]
Available at: https://www.hohenzollern-apotheke.de/service/wissenswertes/lieferengpaesse-bei-medikamenten/
[Zugriff am 28 Mai 2022].

Institut der deutschen Wirtschaft, 2022. *Ukraine: Wie Kriege die Umwelt schädigen.* [Online]
Available at: https://www.iwkoeln.de/presse/iw-nachrichten/sarah-fluchs-wie-kriege-die-umwelt-schaedigen.html
[Zugriff am 29 Mai 2022].

Klein, N., 2007. *Die Schock-Strategie: Der Aufstieg des Katastrophen-Kapitalismus: Der Aufstieg des Katastrophen-Kapitalismus..* 1., Edition Hrsg. Frankfurt am Main: S. FISCHER.

Krajewski, M., 2022. *Völkerrechtsblog - Weder neutral noch Konfliktpartei? Zur rechtlichen Bewertung von Waffenlieferungen an die Ukraine.* [Online]
Available at: https://voelkerrechtsblog.org/de/weder-neutral-noch-konfliktpartei/
[Zugriff am 02 Juni 2022].

Mannewitz, T., 2018. Rechtsextreme Anti-Asyl-Proteste auf dem Höhepunkt der „Flüchtlingskrise" Sachsen im interregionalen Vergleich. In: H. f. T. e. Dresden, Hrsg. *Totalitarismus und Demokratie.* Göttingen: Vandenhoeck & Ruprecht GmbH & Co. KG, pp. 27-46.

Neuerer, D., 2022. *Handelsblatt.* [Online]
Available at: https://www.handelsblatt.com/politik/deutschland/ukraine-krieg-und-die-folgen-ausbau-des-zivilschutzes-wie-sich-deutschland-vor-krieg-und-katastrophen-schuetzen-will/28220340.html
[Zugriff am 08 06 2022].

Robert Koch Institut, 2020. *Informationen des RKI zur Häufung von Pneumonien in Wuhan, China.* [Online]
Available at:
https://www.rki.de/DE/Content/Infekt/Ausbrueche/respiratorisch/Pneum
onien-China.html

Sauer, S. & Wohlrabe, K., 2022. Auswirkungen des Krieges in der Ukraine auf deutsche Unternehmen: Unsicherheit, Lieferengpässe und Preisanstiege. *ifo Schnelldienst*, April, pp. 15 - 18.

Schufa, 2022. *Deutsche bangen um ihren Lebensstandard - Umfrage.* [Online]
Available at: https://www.schufa.de/ueber-
uns/presse/pressemitteilungen/umfrage-deutsche-bangen-um-ihren-
lebensstandard/
[Zugriff am 01 Juni 2022].

Statista, 2022. *Anzahl der neu registrierten Flüchtlinge in Deutschland von 2014 bis 2018.* [Online]
Available at:
https://de.statista.com/statistik/daten/studie/663735/umfrage/jaehrlich-
neu-registrierte-fluechtlinge-in-deutschland/
[Zugriff am 01 Juni 2022].

Statista, 2022. *Import von Medizintechnik nach Deutschland in den Jahren 2005 bis 2020.* [Online]
Available at:
https://de.statista.com/statistik/daten/studie/692105/umfrage/import-
von-medizintechnik-nach-deutschland/
[Zugriff am 28 Mai 2022].

Statistisches Bundesamt, 2022. *Außenhandel.* [Online]
Available at:
https://www.destatis.de/DE/Presse/Pressemitteilungen/2022/05/PD22_N

027_61.html
[Zugriff am 22 Mai 2022].

Statistisches Bundesamt, 2022. *Ausßenhandel.* [Online]
Available at:
https://www.destatis.de/DE/Themen/Wirtschaft/Aussenhandel/_inhalt.ht
ml
[Zugriff am 30 Mai 2022].

tagesschau, 2022. *Enteignung der russischen Gasspeicher?.* [Online]
Available at:
https://www.tagesschau.de/wirtschaft/weltwirtschaft/gasspeicher-
reserven-gazprom-astora-enteignung-101.html
[Zugriff am 01 Juni 2022].

verivox, 2022. *CYBERANGRIFF.* [Online]
Available at: https://www.verivox.de/internet/themen/cyberangriff/
[Zugriff am 03 Juni 2022].

Welt Online, 2022. *„Das Schlimmste kommt noch" – Studie warnt vor deutlich steigenden Lebensmittelpreisen.* [Online]
Available at:
https://www.welt.de/wirtschaft/article239050025/Lebensmittelpreise-
Das-Schlimmste-kommt-noch-Studie-warnt-vor-deutlich-steigenden-
Preisen.html
[Zugriff am 01 Juni 2022].

Wissenschaftlicher Dienst des Bundestages, 2022. *Rechtsfragen der militärischen Unterstützung der Ukraine durch NATO-Staaten zwischen Neutralität und Konfliktteilnahme,* Berlin: Deutscher Bundestag.

Zollonds, H.-D., Ketting, M. & Pfundtner, R., 2016. *Lexikon Qualitätsmanagement: Handbuch des Modernen Managements auf der*

Basis des Qualitätsmanagement. 2. Auflage Hrsg. Oldenbourg: DE GRUYTER.